GUIDE PRATIQUE

POUR LE

CASERNEMENT

DES

BRIGADES DE GENDARMERIE

PARIS

Henri CHARLES-LAVAUZELLE

Éditeur militaire

10, Rue Danton, Boulevard Saint-Germain, 118

(MÊME MAISON A LIMOGES)

GUIDE PRATIQUE

POUR LE

CASERNEMENT DES BRIGADES DE GENDARMERIE

GUIDE PRATIQUE

CASERNEMENT

BRIGADES DE GENDARMERIE

PARIS

HENRI CHARLES-LAVAUZELLE

Éditeur militaire

10, Rue Danton, Boulevard Saint-Germain, 118

(MÊME MAISON A LIMOGES)

GUIDE PRATIQUE

POUR LE

CASERNEMENT DES BRIGADES DE GENDARMERIE

Une des principales obligations des officiers de gendarmerie.
a plus importante même, est de s'attacher au bien-être matériel
des militaires sous leurs ordres ; et, dans la gendarmerie plus
que partout ailleurs, l'avantage d'un bon casernement est très
recherché, parce que les hommes y sont tous ou presque tous
mariés, et qu'ils savent apprécier ce que vaut un logement sain,
spacieux, agréable, bien situé et doté d'un jardin qui offre aux
ménages une précieuse économie, en même temps qu'il leur
procure le meilleur passe-temps des quelques loisirs, trop rares
aujourd'hui, dont ils peuvent disposer.

Il est facile de distinguer un mauvais casernement, même
sans le connaître ou sans le voir : les bons gendarmes ne font
qu'y passer, les mauvais y sont envoyés par mesure de discipline. D'où cet axiome : « Beau casernement, bonne brigade. »
En effet, là où les gendarmes se plaisent, on peut être assuré
qu'ils ont fait tous leurs efforts pour être, en toutes circonstances, à hauteur de leurs devoirs et qu'ils les remplissent avec
zèle ; ils se plaisent dans leur résidence, ils n'ont d'autre am-
bition que d'y atteindre le terme d'une carrière bien remplie, et
leur conduite exemplaire dans la vie militaire, après avoir con-
tribué à grandir leur prestige aux yeux des populations, leur
vaut alors l'offre d'un emploi dans la vie civile et dans la localité même où ils ont passé les plus belles et les meilleures
années de leur existence.

La question du casernement a donc, dans ses effets et ses
conséquences, une importance considérable dans la gendarmerie, au point de vue matériel et moral.

Sans doute, il n'est pas possible d'obtenir partout des casernes remplissant toutes les conditions désirables, cela tient à
trop de causes diverses ; mais on peut obtenir des améliorations
successives qui, peu à peu, chaque année, transforment un

mauvais casernement, et c'est certainement là une des grandes préoccupations des chefs de l'arme, dont les effets seraient surtout appréciables, si on pouvait obtenir que les fonds votés chaque année par le conseil général au budget départemental, sous le titre : « Casernement des brigades de gendarmerie », fussent entièrement mis à la disposition des commandants de compagnie qui, suivant un devis établi par l'entrepreneur local et approuvé par l'architecte départemental, en répartiraient l'emploi en tenant compte des travaux les plus urgents à exécuter, là où les casernes sont le plus défectueuses. On éviterait de la sorte les virements de non-emploi de fonds, ainsi détournés de leur véritable destination, et on serait amené à reconnaître bientôt que les sommes affectées en totalité aux dépenses d'entretien des casernes, sont suffisantes pour arriver à avoir de bonnes casernes.

Cette mesure, adoptée déjà dans quelques départements, a donné de très bons résultats ; espérons qu'elle finira par être généralisée ; mais c'est surtout à l'époque du renouvellement ou de la passation des baux qu'on peut obtenir des casernes convenablement installées, si on a le soin de prévoir, dans les clauses, toutes les conditions qu'elles doivent remplir, conséquemment tous les travaux, améliorations ou aménagements à exiger du propriétaire.

Sur ce point, il est nécessaire de rechercher les conditions que doit remplir un bon casernement, et c'est cette importante question que nous nous proposons d'étudier, en la complétant de tout ce qui s'y rattache et en nous aidant de l'expérience et des instructions ministérielles en vigueur.

Baux.

Les instructions annuelles sur les inspections générales de la gendarmerie rappellent que la situation du casernement doit fixer, particulièrement, l'attention de l'inspecteur général : elle ne doit rien laisser à désirer, surtout lorsque la gendarmerie est appelée à occuper les locaux pour une longue durée.

Une clause spéciale doit toujours imposer au bailleur l'obligation de faire procéder, à ses frais, à la vidange des fosses d'aisances quand il est nécessaire, sur la demande des officiers de l'arme (art. 138 du règlement du 14 octobre 1905), et au blanchiment des latrines tous les ans.

Si on peut susciter une concurrence pour le choix d'une caserne, on est amené à obtenir des avantages pour la meilleure installation, dans des conditions de loyer peu élevées.

Les baux sont généralement passés pour 3, 6 ou 9 ans, mais on admet une durée plus longue, même jusqu'à 25 années, s'il s'agit d'une caserne exceptionnellement bien installée ou d'une nouvelle construction, et on la réduit, au contraire, à moins de 3 ans, si l'immeuble est défectueux et n'est agréé qu'à défaut d'un autre convenable.

L'article 2 du bail devra toujours se terminer par la clause suivante : « En cas de non-exécution, dans les délais fixés, des constructions et réparations mentionnées ci-dessus, et des travaux qui deviendront nécessaires au cours du bail, l'autorité administrative fera exécuter les travaux d'office, et les frais qui en résulteront seront prélevés sur le premier mandat de paiement du loyer, et jusqu'à complète satisfaction (1). »

Les baux des casernes à loyer sont établis par l'administration départementale ; ils sont signés par le préfet ou par le sous-préfet délégué, par le propriétaire ou son fondé de pouvoir, et par le commandant de la compagnie ou celui d'arrondissement délégué à cet effet.

Le commandant de compagnie reçoit trois expéditions des baux destinées aux archives de la compagnie, de l'arrondissement et de la brigade. (Art. 134 du règlement du 14 octobre 1905.) Dans la plupart des compagnies, c'est bien à tort que le commandant de l'arrondissement établit ces expéditions ; l'article 134 est cependant bien catégorique, et un tel travail revient évidemment plutôt à un expéditionnaire de la préfecture qu'à un officier.

En raison des formalités administratives, il est nécessaire de préparer la passation ou le renouvellement du bail pour la session du conseil général d'avril (ou d'août au plus tard) de l'année qui précède l'expiration de l'acte.

A cet effet, le commandant de l'arrondissement établit une minute du projet de bail et de l'état descriptif ; il peut s'entretenir à ce sujet avec le propriétaire.

Le commandant de compagnie se concerte alors avec le propriétaire et le préfet, ou son représentant, et ne signe le bail qu'après approbation de l'état descriptif par le chef de légion. (Art. 128 du règlement du 14 octobre 1905.)

Le modèle de bail, qui n'a rien d'absolu, est donné par le cahier des modèles déposé aux archives.

Etats descriptifs.

Pour un renouvellement de bail ou la passation d'un nouveau bail, le commandant de l'arrondissement établit la minute du projet d'état descriptif ; il peut s'entretenir à ce sujet avec le propriétaire.

---

(1) A cet effet, le commandant de l'arrondissement établit un rapport qui est transmis, hiérarchiquement, au préfet.

Le commandant de compagnie se concerte avec le propriétaire et le préfet ou son représentant, et, après accord, le commandant d'arrondissement établit l'état descriptif, l'adresse au commandant de compagnie, qui le transmet avec son visa au chef de légion.

Le chef de légion l'examine et le retourne au commandant de compagnie avec ses observations critiques ou son approbation. (Art. 128 du règlement du 14 octobre 1905.)

L'état descriptif est transmis au Ministre de la guerre, en même temps que le bail soumis à son approbation, par l'autorité administrative. Une entente préalable doit avoir lieu entre le préfet et le commandant de compagnie, qui rend compte audit chef de légion et lui adresse en temps utile l'état descriptif destiné au Ministre. (Art. 128 du règlement du 14 octobre 1905.)

Cet état doit énumérer, d'une manière très détaillée, toutes les clauses et tous les travaux reconnus utiles pour la rédaction du bail, et à la suite d'une minutieuse étude sur place ; car, à défaut d'une convention expressément stipulée, le propriétaire est en droit de se refuser à toute espèce de réparations ou d'améliorations. On ne saurait donc apporter trop de soin dans l'établissement de ce travail, et surtout présenter les propositions au moins un an avant l'expiration du bail, de manière à ne pas se trouver aux prises avec les difficultés de l'imprévu ou du manque de temps.

On doit veiller à ce que les réparations et nouvelles distributions, dont les bâtiments sont susceptibles, soient indiquées dans le bail, et à ce que le propriétaire s'engage à les effectuer dans un délai déterminé.

La clause relative au montant du loyer est laissée en blanc, ou seulement au crayon, comme indication, parce qu'elle est à l'appréciation de l'administration départementale.

Si quelques clauses du projet ne sont pas acceptées par le préfet, le commandant de la compagnie en réfère au chef de légion, en lui envoyant l'état descriptif avec un rapport sur la possibilité de modifier les conditions primitives ; il avise le préfet des modifications qu'il peut admettre et de celles qu'il se voit contraint de refuser, suivant les ordres du chef de légion.

On ne doit pas perdre de vue que les Ministres de l'intérieur et de la guerre n'excèdent pas leurs pouvoirs en ordonnant au préfet de passer un bail, au nom du département, pour l'installation d'une caserne de gendarmerie, alors que le conseil général, ou la commission départementale déléguée à cet effet, n'a proposé que des locaux ne satisfaisant pas aux nécessités et, par suite, non susceptibles d'être acceptés. (Avis du conseil d'État des 24 février et 9 juin 1882.)

Le casernement des brigades de gendarmerie est, d'ailleurs, une dépense obligatoire pour le département. Il importe certainement que les charges de ce service soient réglées avec économie, par égard pour les contribuables ; mais le caractère d'intérêt général que présente ce service impose, à l'autorité, le devoir de veiller à ce qu'il soit convenablement assuré.

Après la signature du bail, l'état descriptif est établi en trois expéditions, destinées aux archives de la compagnie, de l'arrondissement et de la brigade.

Un plan de la caserne doit être annexé au bail ; il y a lieu par suite d'insérer, dans l'état descriptif, une clause prescrivant au propriétaire de faire établir ce plan en trois expéditions. L'échelle la plus convenable à employer est celle du 1/200°.

Aucune brigade ne peut être changée de caserne avant que le Ministre de la guerre n'ait statué sur tout ce qui tient à la convenance des bâtiments et à leur distribution intérieure, sous le double rapport du bien du service et de la salubrité des locaux, et n'ait approuvé les baux passés par les préfets des départements. (Règlement du 3 janvier 1903, art. 24.)

Relations administratives. — Le commandant de compagnie facilite sa tâche par les bonnes relations qu'il entretient avec le préfet, les conseillers généraux, les chefs de division de la préfecture, l'architecte départemental. Il évite d'entrer en conflit avec eux et fait preuve, en toutes circonstances, de dispositions conciliantes, dans la limite des ordres reçus du colonel.

En suivant avec soin l'emploi des crédits alloués pour l'entretien des casernes de gendarmerie, il peut ainsi prévenir les irrégularités et signaler à l'administration préfectorale toute erreur dans l'attribution des fonds.

Etats des lieux.

Lors de la prise de possession d'une caserne, un état des lieux est dressé en triple expédition, après examen fait par le préfet ou son délégué, le propriétaire ou son fondé de pouvoir, et par le commandant de compagnie ou d'arrondissement.

Les deux premières expéditions sont délivrées au préfet et au propriétaire ; la troisième est remise au commandant de la compagnie, qui en délivre copie au commandant d'arrondissement, et celui-ci au commandant de brigade.

Le chef de chaque brigade fait afficher, derrière la porte principale du logement de chaque homme, un extrait de l'état des lieux pour les locaux qu'il occupe.

Cet extrait est signé par le commandant de brigade et par l'intéressé. (Règlement du 14 octobre 1905, art. 135.)

L'état des lieux est indispensable pour tout renouvellement de bail, à moins qu'il n'y ait eu aucune modification résultant des améliorations ou nouvelles distributions.

Choix de l'emplacement d'une caserne.

La caserne d'une brigade de gendarmerie doit, autant que possible, être située sur les routes fréquentées, à proximité des maisons d'arrêt ou de détention, ou des lieux où les gendarmes ont une surveillance à exercer, un service à exécuter.

Les bâtiments doivent être sans communication avec les habitations voisines (1) (art. 130 du règlement du 14 octobre 1905), ou du moins n'en avoir aucune nuisible au service, et être mis en totalité à la disposition de la brigade (2). Leur accès ne doit rien laisser à désirer pour la sûreté et le secret des opérations des gendarmes (3).

Si on était libre de choisir l'exposition, celle du midi est préférable au levant, celle-ci au couchant. On tiendra compte de cet ordre de préférence pour les ouvertures, le cas échéant.

La caserne, d'un accès facile, doit avoir deux issues. La porte d'entrée principale est toujours une porte cochère pleine avec guichet, ou mieux en fer, pleine jusqu'à hauteur de 1^m,40 et terminée par des piques ou lances.

Si l'entrée est voûtée, on doit ménager l'espace nécessaire en hauteur et en largeur pour le passage des voitures de fourrages.

Composition du logement. — La composition du logement des militaires de tout grade de la gendarmerie est déterminée suivant leur grade, suivant les besoins du service, et en tenant compte des besoins exceptionnels de famille. (Règlement du 14 octobre 1905, art. 130 et 133.)

Le logement du chef de brigade sera composé, au minimum, de trois chambres, dont deux à feu et un cabinet ; celui de chaque gendarme, de deux chambres à feu et un cabinet (4).

Chaque pièce sera pourvue d'un placard ; la cuisine possédera, outre la cheminée, un évier, un potager à deux foyers (l'emplacement de celui-ci sera entouré contre le mur d'un carrelage en faïence (5).

Dans chaque cabinet sera installé un rayon en planche avec

---

(1) Annotations de l'état descriptif :
L'isolement du bâtiment est aussi une des conditions à rechercher.
(2) *Idem.*
(3) *Idem.*
(4) Les conseils généraux ont été invités à ne pas se renfermer dans les limites strictes du règlement du 14 octobre 1905, qui ne prévoit que des logements exigus, et à tenir compte à cet égard des réclamations légitimes de l'autorité militaire. (Circulaire du Ministre de l'intérieur du 3 février 1900.)
(5) On mettra au-dessus du potager, ou à côté, une planche ou des lattes avec crochets, pour suspendre la batterie de cuisine.

porte-manteau à douze têtes au moins, pour la suspension des effets.

Chaque logement sera pourvu d'un râtelier d'armes, invariablement fixé et faisant partie de l'immeuble par destination : une boîte fermant à clef, pour contenir les munitions, sera fixée à ce râtelier. (Art. 130 du règlement du 14 octobre 1905.) Les porte-canons des râteliers d'armes devront être pourvus d'une garniture en drap. (Circulaire du 4 février 1878.)

Le plancher, ciré autant que possible, sera préféré au carrelage ; la peinture sera préférée au papier ou au blanchiment des murs.

Le *bureau* du chef de brigade, au rez-de-chaussée, donnant autant que possible sur la rue, sera sans communication directe avec son logement.

Il sera pourvu d'un placard avec rayons, d'une table-bureau avec tiroirs fermant à clef, d'un casier, d'un tableau noir, d'une grande table fixée au mur et se rabattant le long de ce mur au moyen de charnières (cette dernière devra avoir 3 mètres de longueur et 0^m,65 de largeur), d'un coffre de mobilisation, muni à l'intérieur de trois rayons ayant une seule porte avec serrure ; d'un poêle en faïence avec accessoires reposant sur une plaque de tôle fixée au plancher, d'un râtelier d'armes pour recevoir les armes destinées aux gendarmes réservistes et territoriaux.

On donnera à chaque étage une hauteur de 3 mètres à 3^m,50, dans œuvre, et aux différentes pièces, les dimensions suivantes : cuisines, de 12 à 15 mètres carrés ; chambres à coucher, de 15 à 20 mètres carrés ; cabinets, de 8 à 10 mètres carrés.

Les portes de communication des logements auront 0^m,80 au moins de largeur et 2 mètres de hauteur.

Les croisées, de 1 mètre de largeur au moins, devront toujours arriver à 0^m,40 du plafond.

On évitera les impostes fixes.

Elles seront toutes, y compris celles de l'écurie, pourvues de volets ou de persiennes, surtout celles exposées au soleil ou aux vents du Nord.

Les corridors auront 1^m,50 de largeur au moins.

Dans les chefs-lieux de compagnie, on devra prévoir une salle de théorie avec table et bancs, permettant aux gendarmes de s'y installer pour la dictée hebdomadaire, ainsi que pour les théories, et des locaux suffisants pour loger en commun les hommes placés à la suite de la compagnie, les gendarmes réservistes et territoriaux pendant les périodes d'instruction, et enfin les nouveaux admis jusqu'à ce qu'ils rejoignent leur poste.

Une pièce formant magasin devra être affectée, en outre, pour le dépôt des armes, munitions, effets d'habillement et d'équipement. (Art. 130 du règlement du 14 octobre 1905.)

Dans les pays où les grèves sont fréquentes, on devra prévoir, non seulement aux chefs-lieux de compagnie ou d'arrondissement, mais aussi dans certaines résidences de brigades points de concentration, des locaux suffisants pour loger les hommes appartenant aux forces supplétives ou temporaires.

Ces locaux seront garnis d'un système de chauffage, d'une planche à bagages avec chevilles et crochets, d'un râtelier d'armes, d'une table et d'un banc.

Au chef-lieu de légion, on prévoira également le *bureau du trésorier*, avec ameublement de bureau, bibliothèque et casiers. Une pièce pour le bureau du trésorier, une pour l'adjoint, une salle du conseil, dont l'entretien du mobilier est à la charge du trésorier, ainsi que l'éclairage et le chauffage de cette salle (annexe n° 5 du règlement du 3 janvier 1903), et un magasin assez vaste avec râtelier d'armes, planches de suspension et des armoires à rayons.

Il y aura lieu de prévoir également, et suivant la résidence, un bureau pour le chef de légion, un bureau pour le brigadier secrétaire, un bureau pour le commandant de la compagnie, un bureau pour le gendarme secrétaire, un bureau pour le commandant de l'arrondissement, avec ameublement.

Logement des officiers. — Le Ministre recommande chaque année, dans les instructions sur les inspections, d'insister pour faire placer, autant que possible, dans les casernes affectées à la troupe, les officiers qui seraient logés en ville, le service ayant toujours à souffrir de cette séparation, mais en ne perdant pas de vue, toutefois, que les logements fournis aux officiers ne doivent pas être obtenus en réduisant, outre mesure, la partie du casernement destinée aux sous-officiers, brigadiers et gendarmes.

Il conviendra de leur affecter un pavillon ou une aile à part, avec entrée séparée. A défaut de pavillon à part, on devra toujours s'efforcer d'obtenir une entrée séparée.

Une *cloche d'appel*, pour le service, sera disposée de façon qu'elle puisse être entendue de tout le personnel, et que le chef de brigade puisse la manœuvrer de son bureau.

Une sonnette, pour les appels du dehors, devra être placée à la porte d'entrée et à l'extérieur. On devra, autant que possible, obtenir l'installation de sonneries électriques avec commutateurs, permettant au chef de brigade d'appeler tel ou tel gendarme, et la nuit de ne déranger que le gendarme de planton.

Inscription sur les casernes.

Une plaque portant l'inscription : *Gendarmerie nationale*, doit être placée à l'entrée de chaque caserne.

Cette inscription sera peinte à l'huile, sur trois couches, en lettres noires de $0^m,30$ sur fond blanc, le tout entouré d'un filet rouge d'un centimètre de largeur ; elle devra être rafraîchie tous les cinq ou six ans.

Autant que possible, et particulièrement dans les villes, on tâchera d'obtenir que l'entrée de la caserne soit éclairée, à l'extérieur, par une lanterne portant le mot « Gendarmerie », ressortant sur verre bleu, comme cela a lieu pour indiquer, la nuit, les bureaux de la poste et du télégraphe, ou autres services publics.

Inscriptions sur les logements.

Les logements d'officiers, sous-officiers et brigadiers, doivent porter l'inscription du grade auquel ils sont affectés.

Ces divers logements sont numérotés, ainsi que ceux des gendarmes, en suivant une série, quel que soit le nombre des brigades.

Les annexes et dépendances sont indiquées par les mêmes numéros que les logements auxquels elles sont affectées, et dont elles sont, à l'exception des jardins, inséparables.

Les locaux occupés en commun portent également l'indication de leur destination. (Règlement du 14 octobre 1905, art. 132.)

Ces inscriptions doivent être faites à l'huile, surtout quand elles sont exposées à la pluie, et au-dessus de la porte ou de l'imposte, pour qu'elles soient toujours visibles, même quand la porte est ouverte, et pour qu'on puisse la laver ou rafraîchir la peinture sans être obligé de refaire l'inscription.

Drapeau. — Chaque caserne de gendarmerie doit être pourvue d'un drapeau en étamine de laine, avec mât de pavillon gris clair et son cordeau, placé au-dessus de la porte principale.

Les drapeaux sont fournis et entretenus en bon état aux frais du département ou du bailleur. (Art. 140 du règlement du 14 octobre 1905.)

Les *chambres de sûreté*, au double point de vue de la salubrité et de la solidité, devront satisfaire aux conditions suivantes :

Porte en bois dur, double épaisseur, avec ais croisés, ou bien simple épaisseur, mais assez forte et blindée à l'intérieur ; percée à hauteur convenable d'un judas ou guichet fermant à clef, de 20 centimètres carrés environ ; munie d'une ou de deux fortes serrures, ou d'une seule serrure et deux verrous fermant à clef ;

Un lit de camp de $1^m,20$ à 2 mètres de largeur au plus, avec têtière, scellé dans le mur aux deux extrémités, en l'inclinant légèrement ;

Une planche à pain sera également scellée dans un angle, à $0^m,80$ ou 1 mètre du sol.

Les lucarnes, dont les châssis s'ouvriront extérieurement au moyen d'un système commode, autour de leur arête inférieure, seront percées à 2 mètres du sol et auront environ 0^m,80 de large sur 0^m,50 de haut. Elles seront barrées solidement en fer, à moins de 0^m,15 d'espacement, et garnies à l'intérieur (de même que les judas des portes) de toile métallique, de façon à empêcher les prisonniers d'atteindre les barreaux.

Aucun clou, aucune corde, aucune pièce en fer ou en bois, pouvant servir de point d'attache pour faciliter un suicide ou une évasion, ne devra faire saillie à l'intérieur.

Les murs, de préférence en briques, sinon en pierre très dure, auront une épaisseur suffisante, tant comme solidité que comme sonorité.

Le plafond sera voûté au besoin, pour les mêmes raisons, et le sol bien bétonné ou dallé, mais non carrelé.

Quand on le pourra, ces chambres seront établies dans le corps principal du bâtiment, au fond d'un corridor, et non dans les annexes, afin d'en rendre la surveillance pour ainsi dire constante par le va-et-vient du personnel, sans qu'il soit besoin de commander un planton à cet effet.

Chaque caserne doit renfermer deux chambres de sûreté (1). pour y recevoir les prisonniers de différents sexes.

Le mobilier, fourni et entretenu par l'administration pénitentiaire, comprend : un baquet de propreté et son couvercle, une cruche à eau, des paillasses et des couvertures en nombre suffisant, et les objets nécessaires au balayage et au nettoyage (2).

Dans chaque caserne de chef-lieu de compagnie et d'arrondissement, et autant que possible dans les brigades externes, une *chambre de discipline*, construite comme les chambres de sûreté (et toutefois dans des conditions de solidité moins absolues), sera ménagée dans un endroit propice, mais pas à côté de ces dernières. On devra éviter un emplacement humide.

Le mobilier se compose d'un lit de camp, d'une planche à pain et d'un baquet de propreté.

La *cour* sera aussi grande que possible ; il est nécessaire qu'elle présente, au moins, une superficie de 15 mètres sur 10 pour une brigade à cheval. Elle devra être garnie de tuf, avec caniveaux pour l'écoulement des eaux ; le tuf devra être rechargé tous les cinq ans.

Des anneaux, en nombre supérieur à celui de l'effectif des chevaux et suffisamment espacés, seront scellés dans les murs. pour le pansage à l'extérieur, en évitant l'exposition d'un trop grand soleil ou les courants d'air ; le sol sera pavé sur une

---

(1) Art. 130 du règlement du 14 octobre 1905.
(2) Circulaire du 27 mai 1893 du directeur de l'administration pénitentiaire, qui rappelle que le blanchiment des chambres de sûreté est à la charge des départements et doit être fait tous les ans.

largeur de 3 mètres et sur toute la longueur occupée par les anneaux d'attache.

Puits. — La parfaite étanchéité des puits doit être exigée. Ils doivent être munis de pompes.

Dans les localités où il existe une concession d'eau, on doit tâcher d'obtenir l'installation d'une borne-fontaine, au moins pour les besoins d'eau potable des ménages.

La *pompe*, d'un système incongelable, devra être établie et entretenue de manière à assurer, en tout temps, de l'eau aux hommes et aux chevaux. Elle devra alimenter un réservoir particulier pour les ménages.

L'*abreuvoir*, en pierre dure, en ciment ou briques et ciment (jamais en bois), aura un trou inférieur pour l'écoulement et le nettoyage. Les dimensions seront de 1^m,50 à 2 mètres de long, sur 0^m,50 de large et 0^m,40 de profondeur.

Il sera le plus près possible de la pompe, dans un angle ou le long des côtés de la cour, afin d'en réduire le moins possible les dimensions et de ne pas gêner la circulation.

On fera disposer à côté de l'abreuvoir, à 0^m,80 du sol, un robinet à puiser l'eau dans les seaux, à les laver, et dont le bout fileté permettra d'y adapter le tuyau à douches pour les chevaux.

Autant que possible, les tuyaux de conduite seront placés à l'intérieur de l'écurie, de manière à ne jamais être gelés en hiver. Les robinets seuls sortiront à l'extérieur.

Le *lavoir*, construit comme l'abreuvoir, sera placé à la suite, mais en contre-bas, pour recevoir le trop-plein de ce dernier.

La *buanderie*, de 8 à 9 mètres carrés, à proximité du lavoir, sera pourvue d'une chaudière avec foyer en maçonnerie ou en fonte de préférence, de deux cuviers en bois ou en tôle galvanisée avec supports. Le sol, dallé ou bétonné, aura une pente suffisante pour permettre l'écoulement des eaux à l'extérieur.

Il sera avantageux d'y faire placer une baignoire, à moins qu'il soit possible d'installer une salle de bains.

Les *latrines*, distinctes pour les deux sexes (1), seront du système en usage dans les gares : siège pour les femmes, trou avec semelle pour les hommes. Elles seront éloignées des logements ; la fosse sera parfaitement étanche et couverte. On scellera dans un des angles, à 1 mètre du sol, une petite console pour un bougeoir, et une patère sera fixée derrière la porte, pour y suspendre le sabre ou le manteau. L'inscription *Hommes* ou *Femmes*, suivant le cas, sera faite sur les portes.

La *fosse à fumier*, cimentée et parfaitement étanche, loin des logements, mais près de l'écurie, sans lui être contiguë autant que possible, sera assez spacieuse pour contenir le fumier d'un

---

(1) Art. 130 du règlement du 14 octobre 1905.

mois à trois mois. On l'entourera, s'il y a lieu, d'un petit mur faisant saillie au-dessus du sol de 0ᵐ,50 environ, avec ouverture et escalier pour y descendre.

Les *jardins*, contigus à la caserne ou le plus rapprochés possible, seront partagés en autant de parties égales qu'il y aura d'hommes à l'effectif de la ou des brigades. Le chef de brigade aura le droit d'exercer son choix le premier.

La *toiture* sera toujours bordée de gouttières en zinc ou en poterie, avec tuyau de descente pour recevoir les eaux pluviales.

Cheminées. — Toutes les cheminées seront pourvues, à l'intérieur, d'un tablier, avec un crochet à droite et à gauche pour les accessoires ; elles seront surmontées, à l'extérieur, d'un système (dit appareil Mitre) destiné à les empêcher de fumer.

Peintures. — Les murs des cuisines et corridors seront peints à l'huile sur trois couches, jusqu'à la hauteur de 1 mètre, et badigeonnés à la colle jaune crème au delà de cette hauteur.

Les portes des logements seront peintes à l'intérieur en blanc gris, à l'extérieur d'une nuance plus foncée ; le pourtour des poignées sera protégé par une peinture noire.

Papiers de tapisserie. — Un accord préalable devra intervenir entre le service de la gendarmerie et le propriétaire pour le choix des papiers de tapisserie.

Annexes. — Les caves, greniers et bûchers, en nombre égal à celui des logements, seront séparés au moins par des cloisons à claire-voie, et devront fermer tous à clef.

Ecoulement des eaux ménagères. — Les eaux ménagères, provenant des cuisines ou éviers, s'écouleront par des conduits souterrains cimentés.

Aucune *clef*, soit des logements, soit des annexes, ne devra pouvoir ouvrir deux portes, sans être immédiatement changée ou modifiée.

Ecuries.

La caserne d'une brigade à cheval doit contenir : une écurie pour sept ou huit chevaux, disposée, autant que possible, selon les prescriptions relatives aux écuries de l'armée ; un emplacement convenable pour la sellerie, ainsi que les moyens nécessaires pour abreuver les chevaux. (Art. 130 du règlement du 14 octobre 1905.)

Dans les chefs-lieux de compagnie et d'arrondissement, les écuries doivent contenir l'emplacement nécessaire pour les chevaux d'officiers. Une écurie d'isolement, destinée aux chevaux atteints de maladies contagieuses, doit exister au moins dans les casernements comprenant plus d'une brigade à cheval. (Même règlement.)

L'écurie devra être disposée, aménagée et meublée, en tenant compte des ressources locales, de la manière suivante :

Donner à chaque stalle 1^m,70 de largeur (1), avec séparation de 3 mètres de longueur (2) sur 1^m,50 de hauteur (3), soit, en résumé, pour sept stalles : longueur totale, 13 mètres dans œuvre : largeur, 6 mètres : hauteur, 5 mètres à 5^m,50, de façon à obtenir une capacité cubique d'air d'environ 35 à 40 mètres par cheval, sans jamais descendre au-dessous de 30 mètres.

L'écurie simple (à un seul rang de chevaux) sera toujours employée pour les brigades externes ; l'écurie double, dans les chefs-lieux de compagnie et de légion. Dans ce dernier cas, il faut, autant que possible, prendre des jours sur les deux façades, et les chevaux placés tête à tête sont séparés par une cloison longitudinale, laquelle, entre les piliers qui la consolident, s'élève à 0^m,30 au plus du couronnement du râtelier, de manière à laisser la plus grande circulation d'air entre les deux portions de l'écurie.

La largeur d'une écurie simple doit être de 6 mètres dans œuvre ; celle d'une écurie double (à deux rangs), de 12 mètres quand les chevaux sont placés tête à tête, et de 10^m,40 quand on est forcé de les mettre croupe à croupe.

Lorsque l'aération d'une écurie est insuffisante, on peut y remédier au moyen de cheminées d'appel. (Circulaire du 28 juin 1864.)

La *porte*, s'ouvrant à deux battants, aura au moins 2 mètres de largeur ; sa hauteur sera de 2^m,60 et sera surmontée d'une imposte. Si la chose est possible, une seconde porte, pratiquée dans le mur de pignon, en arrière des chevaux, servira pour l'enlèvement du fumier, dont la fosse, comme nous l'avons dit plus haut, sera placée près de l'écurie, sans lui être contiguë.

Les fenêtres seront au nombre de deux au minimum, le bas des fenêtres à 3 mètres du sol ; elles s'ouvriront autour de leur arête inférieure, en arrière des chevaux, et sur une surface de 1^m,50 carré, au moyen du mécanisme le plus simple possible. Elles seront, de plus, garnies de persiennes du côté du sud ou du couchant.

Derrière les chevaux, on fixera des crochets, à 1^m,80 du sol, pour suspendre les effets de pansage et les bridons.

Pavage. — Le pavage sera formé en grès, cailloux coupés

---

(1) Circulaire ministérielle du 15 janvier 1887.
(2) Circulaire du 23 septembre 1840.
(3) Circulaire du 28 juin 1864.

ou autres pierres dures, les meilleures dans chaque localité ; il sera posé sur une forme résistante, et garni dans tous les joints, d'une matière imperméable et adhérente, telle que le mortier hydraulique ou le ciment de Pouilly, à l'exclusion du bitume ou de l'asphalte.

La pente du sol, pour l'écoulement des urines, doit être de 2 centimètres par mètre au minimum, sans dépasser 3 centimètres.

Stalles. — Les chevaux doivent être séparés par des stalles fixes, larges de 1^m,70, hautes de 1^m,50. Les montants et les traverses, en bois de chêne, de 0^m,10 sur 0^m,08. Du côté de la tête des chevaux, on établira une séparation, à claire-voie, pour empêcher les chevaux de se mordre, tout en leur permettant de se voir.

La partie inférieure des stalles devra être garnie de *paillassons*, destinés à prévenir les tares des membres postérieurs. Ces paillassons peuvent être fixes ou mobiles. La confection de ces paillassons, étant facile et peu dispendieuse, sera laissée aux soins des gendarmes. (Circulaire du 28 juin 1864.) Cette dépense peut aussi être prélevée sur le produit de la vente des fumiers.

Mangeoires. — Elles sont en bois, en pierre dure ou en fonte: leur largeur, de 0^m,30 en haut, 0^m,24 au fond, et 0^m,20 de profondeur.

L'industrie fournit aujourd'hui des mangeoires en fonte émaillée à un prix économique, et leur emploi est avantageux.

Dans tous les cas, leur arête supérieure doit être placée à 1^m,10 du sol.

Râtelier. — Comme pour les mangeoires, les râteliers en fonte, forme corbeille, ou autre, sont livrés par l'industrie à un prix tel, qu'on est amené à abandonner les râteliers en bois, avec fuseaux. Le bas de la corbeille doit être à 0^m,50 de hauteur au-dessus du plan supérieur de la mangeoire.

Système d'attache. — Ce système se compose : 1° d'une barre de fer rond, courbée à ses deux extrémités et posée parallèlement à la face antérieure de la mangeoire, fixée au sommet de celle-ci et scellée, en bas, dans le massif en maçonnerie. Pour prévenir les prises de longe, la barre présentera un bourrelet qui empêchera l'anneau de chaîne de descendre à plus de 0^m,40 ou 0^m,50 du sol ;

2° D'une chaîne en fer de 0^m,65 de longueur, y compris, à l'une de ses extrémités, un anneau qui embrasse la barre d'attache, le long de laquelle il glisse, et, à l'autre extrémité, un T qui s'engage dans l'anneau du licol. Le mousqueton est préféré au T, qui, quelquefois, sort de l'anneau du licol (23 septembre 1840 et 28 juin 1864.)

Murs. — Les murs seront blanchis à la chaux, mais la teinte sera plus foncée à partir de la hauteur des râteliers, pour éviter la réflexion de la lumière et ne pas fatiguer la vue des chevaux.

Une planchette, placée à $0^m,70$ au-dessus de la partie supérieure du râtelier, portera le nom du cheval, celui du cavalier et son grade.

La *sellerie*, près de l'écurie, mais sans communication directe, à cause des émanations qui rouillent les parties en fer et moisissent les cuirs, sera planchéiée, plafonnée, suffisamment aérée et exempte de toute humidité : elle contiendra, par brigade, sept chevalets porte-selles de $0^m,80$ de longueur, fixés au mur à 1 mètre du sol et à $0^m,80$ d'axe en axe, plus un râtelier, à $0^m,60$ au-dessus des chevalets, formé d'une ou de deux planches jointives de $0^m,70$ à $0^m,80$ de largeur, et pourvues de chevilles en bois, ou en fer galvanisé, pour les brides ; enfin deux chevalets mobiles pour le nettoyage.

Les magasins, situés au-dessus de l'écurie et d'un accès facile, en proscrivant l'échelle simple, devront être suffisants pour contenir l'approvisionnement réglementaire en fourrages ; si la capacité des locaux le permet, l'entrepreneur peut être autorisé à faire des livraisons pour une période d'un trimestre au maximum. (Art. 257 du règlement du 14 octobre 1905.)

La magasin à avoine, fermant à clef et bien aéré, sera, en outre, convenablement planchéié ou carrelé, jamais bétonné, garni dans tout son pourtour d'une plaque de zinc de $0^m,20$ à $0^m,30$, pour le garantir des rongeurs, et divisé en compartiments ou casiers, permettant de mettre à part l'avoine de consommation du mois courant et celle de réserve ; la croisée sera garnie d'un contrevent ou d'une persienne, et il y aura une petite trémie avec manche, destinée à faire descendre directement l'avoine dans le coffre par une gaine en bois si la disposition des locaux le permet.

On devra aussi pouvoir ranger le foin et la paille par tas de 50 ou 100 bottes, pour en faciliter le recensement.

On devra prévoir la fenêtre garnie d'une poulie et d'une corde, pour l'emmagasinement des fourrages si, en raison de la hauteur au-dessus du sol, il n'est pas possible de décharger directement la paille et le foin du camion dans le magasin, à l'aide d'une fourche, système commode, expéditif et pratique, quand le magasin ne dépasse pas la hauteur d'un premier étage, ou se trouve au-dessus de l'écurie, comme nous avons commencé par en faire la recommandation.

Il est bon aussi de prévoir l'aménagement d'une trappe, dans le plafond de l'écurie, permettant de jeter par cette ouverture les rations de foin et de paille de la journée.

Le *coffre à avoine*, fermant à clef et scellé à demeure, aura $1^m,40$ de long sur $0^m,60$ de large et $0^m,80$ de haut, avec compartiment pour le son d'un tiers environ, ou $0^m,45 + 0^m,60$

$+0^m,80$, de façon à y mettre facilement les rations d'une semaine, ce qui est bien suffisant. Il sera à $0^m,50$ ou $0^m,60$ du sol.

Procès-verbal d'installation.

Lors de l'installation d'une brigade dans une nouvelle caserne, il est dressé un procès-verbal d'installation, conforme au modèle inséré au cahier des modèles, en cinq expéditions destinées : au Ministre de la guerre, au préfet, aux archives de la compagnie, de l'arrondissement et de la brigade. (Article 131 du règlement du 14 octobre 1905.)

Réparations.

Les réparations à faire au casernement ne doivent être commencées que sur l'ordre des propriétaires ou de l'administration préfectorale, suivant le cas. Il n'appartient nullement aux commandants de brigade de s'entendre à ce sujet avec les entrepreneurs ou les ouvriers. Les commandants d'arrondissement doivent y tenir la main. Leur responsabilité pécuniaire pourrait se trouver engagée si, par suite de négligence ou même d'ignorance de leur part, des réparations étaient effectuées dans des conditions irrégulières.

Si des réparations locatives à la charge du département ou des propriétaires sont à exécuter, le commandant d'arrondissement adresse un rapport au commandant de la compagnie, qui le transmet, s'il y a lieu, avec ses observations, à l'autorité préfectorale. (Art. 137 du règlement du 14 octobre 1905.)

Les crédits votés chaque année pour les casernes comprennent :

Les réparations imposées par l'article 1754 du Code civil dans les immeubles pris à bail ;

Les travaux divers dans les immeubles au département.

TABLE DES MATIÈRES

Paris et Limoges. — Imprimerie militaire Henri CHARLES-LAVAUZELLE.

Librairie militaire Henri CHARLES-LAVAUZELLE
Paris et Limoges.

MINISTÈRE DE LA GUERRE. — **Décret du 20 mai 1903 portant règlement sur l'organisation et le service de la gendarmerie.** (Arrêté à la date du 1er mai 1907.) — Volume in-8º de 180 pages, cartonné............ 1 25

Décret du 14 octobre 1905, portant règlement sur le service intérieur de la gendarmerie départementale.

TEXTE. — Volume arrêté à la date du 1er mai 1907................... 1 25
MODÈLES.. 1 25

Décret du 15 mars 1905 sur les exercices à cheval de la gendarmerie départementale. — Volume in-32 de 293 pages, cartonné.......... 1 50

Décret du 15 mars 1905 sur les exercices de la gendarmerie à pied. — Volume in-32 de 134 pages.................................... 1 »

Règlement du 3 janvier 1903 sur la solde et les revues de la gendarmerie. — TEXTE. — Volume in-8º de 212 pages, cartonné.......... 1 50
MODÈLES. (A jour au 1er juin 1904.) — Volume in-8º de 146 pag., cart. 1 25

Règlement du 5 décembre 1902 sur l'administration et la comptabilité des corps de la gendarmerie. — Volume in-8º de 186 pages, cartonné.. 1 50
MODÈLES. (Arrêtés à la date du 1er juin 1904.) — Volume in-8º de 352 pages, cartonné.. 2 25

Tarifs de la solde, des masses, indemnités, gratifications, primes, parts d'amendes et abonnements de la gendarmerie (2e édition). — Brochure in-8º de 104 pages...................................... 1 25

Instruction sur le service de la gendarmerie en campagne (édition mise à jour des textes en vigueur jusqu'en février 1906). — Vol. in-8º de 174 pages, broché. 1 30; cartonné............................... 1 75

Instruction provisoire du 6 mai 1892 sur la carabine de gendarmerie modèle 1890. (Nomenclature, démontage, remontage, entretien, maniement et emploi.) — Volume in-32 de 88 pages, avec figures, cartonné..... » 60

Code de justice militaire pour l'armée de terre, annexes, formules et modèles. (Edition mise à jour des textes en vigueur jusqu'au 15 avril 1906.) — Volume in-8º de 184 pages, cartonné. ·.................... 2 »

Nouveaux Codes français et lois usuelles civiles et militaires. Recueil spécialement destiné à la gendarmerie et à l'armée (13e mille). — Volume in-12 de 1.100 pages, relié pleine toile gaufrée............. 5 »

Recueil de la jurisprudence à l'usage de la gendarmerie, par E. CORSIN, chef d'escadron de gendarmerie, officier d'académie. — Volume in-8º de 400 pages, relié toile anglaise.................................. 3 »

Troubles et émeutes. Recueil des documents officiels indiquant les mesures à prendre par les autorités civiles et par les autorités militaires, par J. SAUMUR, ✳. ✳, officier d'administration de 1re classe d'état-major. (Extrait de l'*Encyclopédie militaire.*) — Volume in-32 de 88 pages... » 50

Manuel des candidats à l'avancement. — Vol. in-32 de 220 p., cart. 1 »

Emplois civils réservés : 1º aux sous-officiers; 2º aux militaires gradés comptant au moins quatre ans de service; 3º aux militaires non gradés comptant au moins quatre ans de service (*Préparation des examens, traitements, avancement, attribution des titulaires,* etc., etc.), par J. SAUMUR, ✳, ✳, officier d'administration principal d'état-major (5e édition, mise à jour jusqu'au 15 avril 1907). — Vol. in-8º de 312 pag. 2 50

Emplois civils (édit. mise à jour des textes en vigueur jusqu'en janvier 1907). — Volume in-8º de 250 pages, cartonné...................... 1 »

Manuel pratique à l'usage des militaires de tous grades de la gendarmerie, par le lieutenant LAMOTTE. — Volume in-18 de 190 pages.......... 1 50

Etude résumée des principaux caractères du Signalement descriptif, dit « *Portrait parlé* » (*Méthode Bertillon*), par le capitaine PIERRE, de la garde républicaine (6e édition) — Brochure in-8º de 72 pages, ornée de 94 figures... 1 50